वे फिर आये हैं

वे फिर आये हैं

वंदना मिश्र

वाणी प्रकाशन

पहला संस्करण : 2011
दूसरा संस्करण : 2023

वाणी प्रकाशन

4695, 21-ए, दरियागंज, नयी दिल्ली-110 002

फ़ोन : +91 11 23273167 फ़ैक्स : +91 11 23275710

शाखाएँ

अशोक राजपथ, पटना-800 004, बिहार
कॉफ़ी हाउस कैम्पस, महात्मा गांधी मार्ग, इलाहाबाद-211 001, उत्तर प्रदेश
महात्मा गांधी अन्तरराष्ट्रीय हिन्दी विश्वविद्यालय, वर्धा-442 001, महाराष्ट्र
36/ए, शेक्सपियर सरणी, रानी बिरला गर्ल्स कॉलेज के पास, कोलकाता-700 017, प. बंगाल

www.vaniprakashan.com
marketing@vaniprakashan.in
sales@vaniprakashan.in

Ve Phir Aaye hain
by Vandana Mishra

ISBN : 978-93-5000-814-0
Poetry Collection

मूल्य : ₹ 299

आर. टेक ऑफ़सेट प्रिंटर्स, दिल्ली-110 032 में मुद्रित

वाणी प्रकाशन का लोगो मक़बूल फ़िदा हुसेन की कूची से

प्रिय कबीर के लिए

मानवीय संघर्ष की कविताएँ

वरिष्ठ पत्रकार वंदना मिश्र की कविताओं से गुज़रना अनुभूति की सघनता से होकर गुज़रने जैसा है। वंदना जी एक प्रतिबद्ध समाजसेवी रचनाकार हैं। खोजी पत्रकारिता वाली उनकी नज़र इन कविताओं को अद्भुत काव्य दृष्टि प्रदान करती है जिसमें जीवन के सूक्ष्मातिसूक्ष्म संवेदन को सहज ही देखा जा सकता है। इन कविताओं को 'भाषा में घटित होता हुआ जीवन' कहने में कोई अतिशयोक्ति न होगी। कुछ कविताओं में तो प्रत्यक्ष लगता है मानो 'जीवन' स्वयं भाषा के जल में अपना प्रतिबिम्ब देख रहा हो।

वंदना जी ने अपने कविकर्म को सामाजिक सरोकारों की कसौटी पर बार-बार कसा है, इसलिए इन कविताओं में शब्द की गरिमा और काव्यानुभूति की ऊर्जा की अपूर्व छटा स्पष्ट देखने को मिलती है। इन कविताओं में अर्थ की गहनता तो है किन्तु ऐसा नहीं कि वह पाठक को किसी रहस्यमय पाताल की गहराई में ले जाकर डुबो दे। सहज, सरल, सामान्य जीवनानुभवों के माध्यम से संघर्ष और जीवन की सुन्दरता को रेखांकित करती हुई इन कविताओं में, पिटे-पिटाए मुहावरों और चतुर वाग्जाल से बचते हुए, कवि ने एक नई कहन और काव्यभाषा का सूत्रपात किया है। हिन्दी कविता की वर्तमान एकरूपता और रूढ़ि से हटकर एक नए किस्म का आस्वाद इन कविताओं की विशेषता है। वंदना जी अत्यन्त विनम्रता के साथ कहती हैं– 'ये शब्द मेरे नहीं'। वे शताब्दियों से चले आ रहे मानवीय संघर्ष को अपना दाय मानती हैं और इस प्रकार कविता के समष्टिगत स्वभाव की पुनःप्रतिष्ठा करती हैं। ये कविताएँ अपनी 'साधारणता' के ताने-बाने में, सच पूछो तो, असाधारण हैं–

कालिदास-सी उपमा न दे सके
भारवि का अर्थ गौरव न पा सके
दण्डी की ललित पदावली न हो

तो क्या कोई कविता न करे
कहे न मन की बात
जग की बात
ख़ामोश, बन्द किये ज़बान
बस देखा करे सब कुछ टुकुर-टुकुर

सबके मन की बात कह देने वाली वंदना मिश्र की ये कविताएँ अग-जग की बात-बतकही की ही कविताएँ हैं। इस संग्रह की कुछ कविताओं को तात्कालिकता के रिपोर्ताज वाले विधान में बाँधा गया है किन्तु उस तात्कालिकता में सब कुछ क्षणिक ही नहीं है, उसमें कुछ ऐसा भी है जिसे त्रिकाल सत्य माना जा सकता है।

यह युग विश्व पूँजीवाद के उभार, विश्वव्यापी तालिबानी धर्मान्धता, भयानक आर्थिक विषमता और पूँजी की अपसंस्कृति का युग है। प्रजातियाँ, भाषाएँ, संस्कृतियाँ, स्वप्न, आदर्श और आशाएँ लुप्त होती चली जा रही हैं। वनों में रहने वाली जनजातियाँ पूरी दुनिया में अस्तित्व के लोप के कगार पर पहुँचा दी गयी हैं। इनमें भारत के अन्दमान निकोबार द्वीपों की जरवा जनजाति भी है। जरवा जनजाति पर लिखी कविताएँ इस संग्रह की केन्द्रीय कविताएँ हैं। हिन्दी कविता में इस विषय पर सम्भवतः ये अकेली कविताएँ हैं।

निश्चित ही इस कविता संग्रह के पाठ का अनुभव हिन्दी पाठकों की संवेदना और चेतना को नई ऊर्जा से समृद्ध करने में महत्वपूर्ण भूमिका अदा करेगा।

—दिनेश कुमार शुक्ल

अनुक्रम

पतरंगा नहीं दिखा इस बार

पतरंगा नहीं दिखा इस बार 15
लुभाती है मैना 17
नकुल दरस 18
अनोखा है लाल रंग 20
मुक्ति का ऐलान 21

जरवा गाथा

ख़तरे में हैं ग्रेट अंडमानी 25
जरवा गाथा-1 : हर पल बहते हैं 27
जरवा गाथा-2 : सजते हैं जरवा 28
जरवा गाथा-3 : जैसे छिटकते हैं तारे 29
जरवा गाथा-4 : वे नहीं बनेंगे नुमायशी नमूना 30
जरवा गाथा-5 : आक्रामक हैं जरवा 31
जरवा गाथा-6 : कितनी दूर जाते हैं उसके रापने 32
जरवा गाथा-7 : वे खो जाते हैं समन्दर में 33

बूढ़ा जैतून

बूढ़ा जैतून 37
संयुक्त राष्ट्र चेतावनी देता है-1 40
संयुक्त राष्ट्र चेतावनी देता है-2 41
क्या याद आयी थी? 42
कभी-कभी 46
धम्मं शरणं गच्छामि 48

वे फिर आये हैं

चाल 53
सहम गयी स्त्री 54
इच्छाएँ मत पालो 55
बलात्कार की ख़बर 57
देह : एक पर्यटन स्थली 59
महानगर में अकेली लड़की 61
क्या कर रही थी माँ 63
शिकायत नहीं 65
काबुल-हेरात की हमीदा, नजमा, नासिरा, रुख़साना के नाम 67
वे फिर आये हैं 70
कब तक 72
सोच में पड़ गयी माँ 74
वह रच रही है अपना संसार 75
परधान बनी कमला 76
पोशाक 77
सुनो बहिन जी 80
गरजूँ घन बन 83

रास्ते खुलने लगे

फिर क्यों 87
गुनहगार हैं अल्पसंख्यक-1 88
गुनहगार हैं अल्पसंख्यक-2 89
पत्थर बरसे 90
बीच का रास्ता-1 91
बीच का रास्ता-2 93
शार्टकट 94
हो जैसा बाज़ार 96
आज फिर टूटेगा कोई तारा 98
ये सरज़मीं है गंगो जमन की 99
जिसने सोचा ज़माना क्या कहेगा 100

रास्ते खुलने लगे 101
सवाल 102
वे दिन-1 103
वे दिन-2 104

ये शब्द मेरे नहीं

ये शब्द मेरे नहीं 107
आओ मिलकर रचें एक गीत 108
क्यों न कहे 109
कविता जीवन है 110
सोचती हूँ चुप रहूँ 111
दुलारी का गीत 112

आऊँगी कल फिर

मृत्यु 117
वापसी 120
काश... 121
एक प्रार्थना 122
आऊँगी कल फिर 124
चाहती हूँ आना 125

पतरंगा नहीं दिखा इस बार

पतरंगा नहीं दिखा इस बार

कोमल किसलय की तांबई-गुलाबी आभा
पूर्ण वयस्क पत्ते के गहरे हरे रंग की
सारी अन्तर्छटाएँ
अपने पंखों में समेटे
पतरंगा नहीं दिखा इस बार।

घने पेड़ की पत्तियों में छिपा,
टेलीफोन के तार
ऊँची इमारत की मुँडेर पर
कभी गैदान में टहलता
दिख ही जाता था
कहीं न कहीं।

आसान नहीं था बता पाना
इस झिलमिल पखेरू में
कब देखा कौन सा रंग
कहाँ तांबई, कहाँ धानी
और कहाँ आकर फिसल गया
धानी रंग काही में।

क्या मेरी नज़रें कमज़ोर हुईं
नहीं पहचान पातीं
दूर तार पर बैठे

इस सुन्दर मायावी को
या इस बड़े शहर में
नहीं रहे घने ऊँचे पेड़
जो देते उसे आश्रय
अपनी शाखा-भुजाओं में
मानो वह हो उनका ही अंग
जैसे कोपल, जैसे पत्ते
जैसे कली, जैसे फूल।

कुछ तो है जो पतरंगा
नहीं दिखा इस बार
इस बार नहीं बिखरे
नीले आसमान में
मरकत और माणिक।

लुभाती है मैना

न मोर जैसी चमक-दमक, कलगी,
न तोते जैसा चटख हरा रंग, मनभावन
कुछ तो नहीं है
मैना के रंग-रूप में ऐसा
जिस पर इतराये वह।

कुछ भूरे-काले रंग
पीली-नारंगी चोंच वाली
छोटी सी मैना
घरेलू नहीं फिर भी लगने लगी भली
आँगन में फुदकती गौरैया की तरह।

लुभाती है मैना
उसमें है एक शान
देखो उसे पार करते राजपथ
तेज रफ़्तार मोटर से घबरा
उड़ नहीं जाती
पार करती है सड़क
मजे में टहलते हुए।

लुभाती है मैना
उसमें है एक शान
जिसके चलते
नकल बनाती है वह किसी भी सिकन्दर की
सिखाने से नहीं सीखती
एक भी शब्द।

नकुल दरस

अब भी इतने भोले क्यों हो नेउरऊ भाई
देखते नहीं कितने ख़तरे मँडरा रहे हैं
तुम्हारे इर्द-गिर्द रात-दिन
ऊपर आसमान में
नीचे धरती पर।

तुम्हें पार करना है गलियारा
फुर्ती से दौड़ जाओ न
इस पार की झाड़ी से उस पार की झाड़ी में
जहाँ है तुम्हारा परिवार।

लेकिन दोस्त
तुम तो मुझे देखते ही ठिठक जाते हो
चाल धीमी हो जाती है
मुड़ मुड़ कर देखते रहते हो
जब तक मैं ही न आगे बढ़ जाऊँ तेजी से।

तुम्हें क्या दिखती नहीं
आकाश में मँडराती चीलें
पगडंडी पर कभी भी हो सकती है
मुलाकात ख़तरनाक गेहुँअन से।

मगर तुम कब डरने लगे

आसन्न ख़तरों से
तुम क्यों रहने लगे ख़बरदार
मानव आकृति देखते ही
ठिठक जाते हो
सोचते हो दोस्त होगा
भूल गये क्या तुम अपने उस पुरखे का हश्र
जिसकी दोस्ती, भलमनसाहत के बदले
दी थी मौत मेरी जैसी ही किसी स्त्री ने।

अनोखा है लाल रंग

अनोखा है लाल रंग
इसकी छटाएँ
कोई गिन सकता है?

राग का, अनुराग का है लाल रंग
फिर क्यों क्रोध में चेहरा हो जाता है लाल
लाज का रंग भी लाल है
तब मदहोश बेशर्म आँखों में
क्यों पड़ जाते हैं लाल डोरे?

सूर्य उदय हो या अस्त
लाली ही रहती है उसके साथ
लेकिन उदय और अस्तकाल की
लालिमा एक तो नहीं।

पलाश का दहकता लाल रंग
जैसे आग भड़क उठी हो जंगल में
बाल सूर्य की कोमल अरुणाभा
जैसे नववधू के माथे का लाल टीका
जोगिया, सिंदूरी, तूली, खूनी
लाल रंग की छटाएँ
कोई गिन सकता है?

मुक्ति का ऐलान

बड़े प्यार से लायी थी तुम्हें बूढ़ी अम्मा
नक्खास की बाज़ार से
सोचा था उसने
पढ़ायेगी तुम्हें राम राम, सीताराम
जब वो भूली होगी
घर गिरिस्ती, काम-काज में
तुम जोर से पुकार कर सीऽऽत्ताराम
याद दिलाओगे उसे उसके इष्ट देव की।

तुम्हें उसने खिलायी हरी मिर्च
कच्चा अमरूद
गाजर भी डाली पिंजरे में
दूध-भात का भोग लगाया।

हरी मिर्च खाते तुम सीखते रहे नाम
उसके आराध्य का
टेरते रहे राम नाम
सुन्दर बड़े पिंजरे में टहलते रहे मौज से
झूले में बैठ पींगें भी भरीं तुमने
किसी बच्चे ने छेड़ा
तो काटकर उसकी उँगली
तुमने अपनी ताकत भी दिखा ही दी।

लाल टोंट, हरे-हरे पंखों वाले
इस दोस्त पर बच्चों को नाज़ था
घर, अड़ोस-पड़ोस का चहेता पट्टे
लोग भूल गये थे
क्यों किसी को कहा जाता है तोता चश्म
कल पिंजरा खुला पा
सबकी नज़र बचा
तुम मजे में निकल भागे
स्वाद-कैद से
मिर्च, दूध-भात की।

आज़ाद, तुम भर ऊँची उड़ान
जा बैठे फुनगी पर
भरकर खुली हवा भरपूर
अपने फेफड़ों में
जब तुमने झूमकर
करना चाहा ऐलान
अपनी मुक्ति का
तुम्हारे मुँह से क्या निकला
वही रटा-रटाया नाम
राम राम, सीऽऽत्ता राम?

जरवा गाथा

ख़तरे में हैं ग्रेट अंडमानी

ख़तरे में हैं ग्रेट अंडमानी
एक समय, शायद सन सत्तर में
कुल इक्कीस ही रह गये थे
बाकी पहले ही बन चुके थे निशाना
बर्तानवी, जापानी आक्रामकों का।

जनकल्याणकारी सरकार के अफसर
हितैषी हैं आदिवासियों के
वे रक्षा करेंगे उनकी
ख़त्म नहीं होने देंगे वे
इस दुर्लभ प्रजाति को।

उन्हें ले आये अफ़सर
उनके जंगलों से बाहर
उन्हें बसा दिया
कंक्रीट के मकानों में।

उनकी बस्ती में रख दिया बुद्धू बक्सा
देखने लगे वे मायावी चित्रलोक
चंद्रकांता, चित्रहार
उन्हें मिलने लगा मुफ़्त चावल-दाल।

भूल गये ग्रेट अंडमानी अपना नाचरंग

भूल गये करना शिकार
गहरे काले रंग, सुचिक्कन देह,
घुँघराले बालों वाली
ग्रेट अंडमानी औरत
जाने लगी अफ़सर के घर
बोलने लगी अफ़सर की ज़बान
पहनने लगी स्कर्ट-ब्लाउज, मैक्सी।

ग्रेट अंडमानियों की संख्या थोड़ी बढ़ी है
गोरे रंग, सीधे बालों वाले बच्चे
नहीं जानते अपनी ज़बान, अपने गीत
वे बोलते हैं हिन्दी
खाते हैं दाल-भात
शिकार के लिए धनुष-बाण उठाना
बोझ लगता है उन्हें
मांस खाकर खराब हो जाता है उनका पेट।

लेकिन उनकी संख्या बढ़ रही है
अफ़सरों की खुशी के लिए
कभी कभी वे निभाते हैं
अपने पुराने रीति रिवाज
बाहर से सरकारी आदमी, छायाकार आयें
तो वे दिखा देते हैं
अपना परम्परागत नाच
बेमन से।

फिर भी, खुशी की बात है
उनकी संख्या बढ़ रही है
अफ़सर सन्तुष्ट हैं
बचा लिया है उन्होंने
एक मरती, नष्टप्राय जाति को।

जरवा गाथा-1

हर पल बहते हैं

शान्त नहीं रहते
हर पल बहते हैं
चंचल उद्दाम नदी की तरंगों की तरह
शाखामृग की फुर्ती से
पेड़ों पर चढ़
शहद बटोरते
लगते हैं मूर्तिमान गति।

जब कभी ख़ामोश खड़े होते हैं
किसी दक्ष शिल्पी के
जादुई हाथों से गढ़ी
जीवन्त प्रतिमा सी लगते हैं जरवा।

जरवा गाथा-2

सजते हैं जरवा

सजते हैं जरवा
पूरी देह पर खींचते हैं
सफ़ेद माटी की सर्पिल लहरियाँ।

रहते हैं घनघोर जंगलों में
फूलों-पत्तियों के बीच
फिर भी नहीं लगाते गजरा
पहनते नहीं फूलमाला
कमर पर नहीं बाँधते
पुष्पमेखला।

क्या इसलिए
कि फूल डाल पर ज़्यादा सजता है
या कोमल, सुन्दर फूल में
उन्हें दिखता है
जरवा बच्चे का मुस्काता
भोला मुखड़ा।

जरवा गाथा-3

जैसे छिटकते हैं तारे

सब मिलकर नाचते हैं
बाँटते हैं उल्लास
एक दूसरे में भरते हैं ऊर्जा
रचते हैं अपना आकाश।

एक लय में गुँथ जाते हैं
फिर बिखरते हैं
ताल में बँधे हुए
जैसे छिटकते हैं तारे।

जरवा गाथा-4

वे नहीं बनेंगे नुमायशी नमूना

जरवों को ख़ैरात क़बूल नहीं
प्रकृति के साथ एकरूप
नग्नदेह जरवा
असफल कर देते हैं सारे प्रयास
जो सरकार करती है
उन्हें सभ्य बनाने के लिए।

उनके लिए बनवाये गये
ईंट-गारा, सीमेंट के मकान
जैसे जानवरों के लिए बनाये जाते हैं
कठघरे शहर के चिड़ियाघर में।

जरवा नहीं बनेंगे नुमायशी नमूना
रात के अँधेरे में वे
चुपके से
निकल भागते हैं इन दरबों से।

घने जंगलों में वापस लौट
सो जाते हैं सुख की नींद
अपने हाथों से बनायी
चारों तरफ से खुली
झोंपड़ियों में।

जरवा गाथा-5

आक्रामक हैं जरवा

अंग्रेज सुधारक हों
या द्वितीय विश्वयुद्ध के जापानी सैनिक
जरवों के लिए आततायी हैं
बाहरी लोग।

आत्मरक्षा में जब अपने
भोथरे, गोठिल, आदिम हथियार उठाते हैं
तो 'सभ्य' जमात कहती है
आक्रामक हैं जरवा।

जरवा गाथा-6

कितनी दूर जाते हैं उसके सपने

जरवा सीमाएँ नहीं जानता
उसकी झोंपड़ी में दीवारें नहीं
उसके मरकत द्वीप के चारों ओर
फैला है निस्सीम सागर।

रात जब बाँह को सिरहाना बना
सो जाता है जरवा
चैन की मीठी नींद में
भला कितनी दूर जाते हैं उसके सपने।

उसके सपनों में टपकता है
बूँद बूँद मीठा शहद
पत्तल भरी होती है
भात और मांस से
कभी कभी तमाम हरे नारियल भी
बिछ जाते हैं उसके सामने, सपनों में।

एक डोंगी का भी सपना देखता है वह
जिसमें बैठ पत्नी और बच्चों के साथ
निकल जाएगा वह तट से थोड़ी और दूर
पकड़ लाएगा
तनिक और बड़ी मछली
कुछ और बड़ा कछुआ।

जरवा गाथा-7

वे खो जाते हैं समन्दर में

पेड़, लता, कबूतर, मछली
आसमान, समुद्र की तरह
प्रकृति का सहज अंग हैं जरवा।

जरवा हँसते हैं
सजते हैं, नाचते हैं
खुले आसमान के नीचे
निर्द्वन्द्व, उन्मुक्त।

ज्योंही देखते हैं
आते किसी सुधारक दल को
भागकर ओझल हो जाते हैं
फिर खोजे नहीं मिलते
घने जंगलों में।

वे बन जाते हैं
पेड़, लता, झाड़ी
वे आसमान में उड़ जाते हैं बनकर कबूतर
वे खो जाते हैं समन्दर में
बनकर मछली।

बूढ़ा जैतून

बूढ़ा जैतून

यूगोस्लाविया की सरज़मीं भीगी है
आँसू बहाता है वीपिंग विलो
शर्मिंदा हैं ऊँचे काले ओक
झुका लेते हैं बलूत और बीच
अपनी शाखें मर्मान्तक शोक में
उनके अपने ही बेटों ने
बिछा दी हैं लाशें
भाइयों, बाप-चाचाओं की।

स्तब्ध हैं बोस्निया के चर्चों और मठों के
भित्तिचित्र
सिसकता है आहत सर्बिया
महान बाइजैंटाइन संस्कृति पर लगे
गहरे घाव छिपाता हुआ।

तनिक हवा की आहट से भी
टीसता है क्रोशियायी हालिम का दर्द
आड्रियाटिक सागर का आबदार मोती
बिखर गया है कितनी किरचों में
सर्बिया, क्रोएशिया, बोस्निया...।

पुलों का देश यूगोस्लाविया
अज़ान के पवित्र स्वर

यहाँ घुलमिल जाते थे
चर्च की घंटियों की आवाज़ में
अल्लाह की रहमत बिखरी थी
चप्पे चप्पे पर बनकर फूल
सफेद-पीले लिली-सूरजमुखी
ईसामसीह की करुणा जगाती थी
पथरीले पहाड़ों पर भी
कोमल वनस्पति
यहाँ मिलते थे गले
पूरब और पश्चिम।

और कितनी बार देखना होगा यह जुनून,
ढाई हज़ार साल से
ख़ामोश खड़ा बूढ़ा जैतून बुदबुदाता है
वह दिखाना चाहता है अपने बच्चों को
चेलेकुला
विद्रोहियों की खोपड़ियों से बनायी गयी
नरमुंड मीनार
याद दिलाना चाहता है उन्हें
वह सामूहिक क़ब्रगाह
जहाँ दफ़्न हैं तीन सौ मासूम, स्कूली बच्चे
पाँच सौ बड़ों के साथ
क्रागजेविक में उन्हें उतार दिया गया था
मौत के घाट।

उफ़, कैसी वहशत-दरिंदगी
काँप उठता है बूढ़ा जैतून
अपनी सारी शाखों समेत
चीख़ता है—
बन्द करो यह मारकाट
[illegible] लाल करो

शान्त डेन्यूब का गहरा नीला जल
डराओ नहीं मेरी बाँहों में सोये
दिन भर के थके-भोले पखेरुओं को
तोपों-बन्दूकों से
मत बहाओ धरती पर
उसके अपने ही बच्चों का ख़ून।

नहीं सुनता कोई
लौट आती है उसकी आवाज़
टकरा कर ऊँचे पहाड़ों से
थक कर कराहता है
शोक में डूबा
बूढ़ा जैतून।

संयुक्त राष्ट्र चेतावनी देता है-1

संयुक्त राष्ट्र चेतावनी देता है
सर्बों को
ख़बरदार
सुरक्षित हैं ये क्षेत्र
इनसे दूर रहो।

सर्ब सुनते हैं और करते हैं हमला
जीतते जाते हैं एक एक कर
सारे सुरक्षित क्षेत्र।

सेब्रेनिका हो या जेपा
या फिर गेरेज़्दका
सभी शहरों कस्बों से
गाँव के चौधरी की
दबंगई के साथ
सर्ब निकाल बाहर करते हैं
बूढ़ों, बीमारों, औरतों और बच्चों को।

ठिठुरती ठंड में
बिछड़ते हैं परिवार
भूखे प्यासे वे
लाद दिये जाते हैं ट्रकों में
जानवरों की तरह
संयुक्त राष्ट्र फिर चेतावनी देता है।

संयुक्त राष्ट्र चेतावनी देता है-2

अपने पूर्वजन्म में भी ऐसा ही था यह
वचनवीर,
अकर्मण्यता ही कारण बनी थी
उसकी मृत्यु का।

इस नये चोले में
बाँधी थीं उससे नयी उम्मीदें सबने
अब वह बनेगा पंच
मामला चाहे बड़े का हो या छोटे का
निर्द्वन्द्व वह करेगा न्याय
दूध का दूध
पानी का पानी।

लेकिन
वह तो दोहरा रहा है अपना इतिहास
रोज़ देता है चेतावनी
और सर्ब रोज़ भून देते हैं
शान्ति सैनिकों को
देते हैं देशनिकाला मुसलमानों को
उनकी अपनी ही ज़मीन से।

क्या याद आयी थी?

इवा का देश
उत्तरी महासागर की लहरों पर आराम से पसरा
बगल में नार्वे
जहाँ आधी रात को भी जगमगाता है सूरज।

दमकता था चेहरा
जब वह बताती थी
वहाँ कोई निरक्षर नहीं
कोई नहीं माँगता भीख
वहाँ बराबर हैं औरत और मर्द।

उसकी आँखों में चमकता
हँसी में छलकता
स्वीडन मुझे भी प्यारा लगने लगा था
परिचित लगने लगी थी
वहाँ की संसद, पुस्तकालय
सड़कें, पहाड़, क्लब और बार।

लेकिन इवा ने छिपायी थी एक बात
स्वीडन एक आज़ाद, अमीर देश
औरत-मर्द बराबर हैं वहाँ
लेकिन बच्चे?
बच्चे बिकते हैं

वैसे ही जैसे बेच दी जाती हैं
हम ग़रीब मुल्कों की किशोरियाँ
तेली खूसट बूढ़ों के हाथ
सुनकर यक़ीन नहीं होता
सफ़ेद चमड़ी वाले इस सभ्य सम्पन्न देश में
चल रहा है उद्योग
बच्चों के यौन शोषण का
ख़रीद लिये जाते हैं शिशु
अबोध, दूध पीते बच्चे-बच्चियाँ।

स्वीडन डपटता है
गरीब विकासशील देशों को
तुम बच्चों से करवाते हो मज़दूरी
बच्चों की बुनी कालीन हम नहीं ख़रीदेंगे
इसमें बू आती है उनके पसीने की।

सच, शर्मनाक है बच्चों का मज़दूरी करना
लेकिन गरीबी का अभिशाप झेलते मुल्कों में
ज़्यादातर को करनी पड़ती है हाड़तोड़ मेहनत
सिर्फ दो जून की रोटी के लिए।

कौन माँ-बाप चाहते हैं
आँख का तारा उनका न जाए स्कूल
माँजे बरतन किसी ढाबे पर
लेकिन बरतन माँजता बच्चा
भूखा तो नहीं सोयेगा
सोचकर माँ-बाप
बाँधकर पत्थर सीने पर
भेज देते हैं काम पर
अपने जिगर के टुकड़े को

मालिक की झिड़कियाँ सुनता
गिलास टूट जाने पर पिटता
मेहनतकश बच्चा
देखता है सपना
अपनी ख़ुद की कालीन फ़ैक्टरी का
ढाबे का, दुकान का
बंबई जाने का
क़िस्मत आज़माने का
उसके सपनों में हो सकते हैं
गेंद-बल्ला, मिठाई, बढ़िया कपड़े-जूते।

लेकिन इवा, देह व्यापार के लिए बेच दिये
बच्चे के पास क्या छोड़ा तुमने
न माँ-बाप, न बचपन,
न काम का संतोष
यहाँ तक कि सपने भी नहीं।

उसकी ओर उठती हर नज़र
तार-तार कर देती होगी उसके कपड़े
चीर देती होगी उसकी देह-आत्मा
सपने में भी देखते ही मानवाकृति
चीख़ पड़ता होगा वह पसीने-पसीने होकर।

इवा, तुम्हारा देश
सभ्य और विकसित
मानवाधिकार का ध्वजवाहक
तुम्हारे यहाँ
ईश्वर की प्रतिच्छवि
बच्चों की यह हालत?
वह भी तब जब तुम्हारी संसद में
किसी भी देश के मुकाबले

ज़्यादा है महिलाओं का प्रतिनिधित्व।

इवा,
बीजिंग सम्मेलन में जब तुम
पुरज़ोर ढंग से उठा रही थीं
हमारे अधिकारों का मुद्दा
क्या तुम्हें याद आयी थी
इन अबोध मासूम शिशुओं के
अधिकार की बात।

कभी-कभी

क्यों ऐसा होता है कभी-कभी
साथ रहते रहते भर जाती है एक ऊब सी
उफनने लगता है
संस्कृति, धर्म, रंग और जाति का गौरव
श्रेष्ठता का भाव।

करने लगते हैं लोग अलगाव की बातें
नहीं, अब सम्भव नहीं ऐसे जीना
तोड़ना ही होगा
इस झूठी एकता को
अपनी अस्मिता की और बलि नहीं चढ़ायेंगे हम
एकता, अखंडता की वेदी पर।

जाति, परिवार, राज्य हो या देश
क्यों रखा जाय बांध कर किसी को
देशप्रेम, एकता, संस्कृति के नाम पर
सुरक्षा की ख़ातिर आख़िर क्यों खोयें
हम अपना निजत्व
कहने लगते हैं वे।

फिर ऐसा क्यों होता है अक्सर
कि अलग होते ही
याद आने लगते हैं

वे ही पराये भिन्न धर्म, जाति, रंग, संस्कृति वाले लोग।

उनके बिना लगने लगता है
जीवन फीका और बदरंग
कुछ अधूरा सा
क्यों मन बार बार करता है
जाने को उन छूटी जगहों पर
जो अब हो गयी हैं परदेस।

धम्मं शरणं गच्छामि

विराट नीले सागर में तिरता
प्रवाल खंड
चमकता है आज भी
जैसा दिखा होगा पहली बार वहाँ पहुँचे
पीत चीवरधारी भिक्खु-भिक्खुनियों को।

हज़ार साल पहले
लेकर धर्म संदेश तथागत का
उसके तृणकोमल तट पर
उतरे महेन्द्र और संघमित्रा
क्या जान पाये थे
ताम्रपर्णी इस सुन्दर धरती की
मखमली दूब तले
बिछेंगी बारूदी सुरंगें
शान्ति पिटक की गाथाओं की जगह
गूँजेगी
दिल दहलाती गोलियों की तड़तड़ाहट।

अमिताभ के अर्धनिमीलित नेत्रों से
टपके आँसू की बूँद सा द्वीप
भरता है सिसकियाँ
हाहाकार करती तरंगें
नहीं धो पातीं जाफना की धरती पर

बहे लहू के दाग़
सिर धुनती हैं निष्फल, नाकाम, कुंठित
दूर सुन पड़ती है
एक धीमी आवाज
'धम्मं शरणं गच्छामि'।

वे फिर आये हैं

चाल

एक घर है
तीन जन रहते हैं इस घर में
पति, बेटा
और
वह।

पति चलता है तेज़, सधी चाल
जैसे जल्दी है पहुँचने की
मंज़िल पर।

बेटा भरता है कुलांचे
छौने की तरह
भागता है खेल के मैदान की ओर।

वह चलती है, ठिठकती है
एक एक कदम धरती है
सँभल कर
थम थम कर
सोचती है किधर जाए।

सहम गयी स्त्री

चोर निगाहों से उसने देखा चारों ओर
सबको अपने में मगन पा आश्वस्त हुई
पालथी मार बैठ गयी उस पर
मर जाएगा कुचल कर
सूख कर उड़ जाएगा
कौन जान पायेगा भला
उसके मन में कभी आया था ऐसा विचार
जैसा नहीं आना चाहिए
अच्छी स्त्री के मन में।

बैठी रह सकती थी भला कितनी देर
ज्योंही उठी किसी काम से
उद्दंड वह निकल भागा क़ैद से
जा छिपा उसके तकिये के गिलाफ़ में
रात थकान से चूर
ज्योंही आँखें मूँदीं उसने
आ गया वह स्वप्न बन।

इच्छाएँ मत पालो

अधमुँदी आँखों से
सपने देखती औरत
सुन्दर लगती है।

काम्या होती है
जब बादलों की गड़गड़ाहट से डर
सिमट जाती है
पुरुष की बलिष्ठ भुजाओं में।

गरिमापूर्ण होती है स्त्री
जब रचती है
नई सृष्टि
सँवारती-दुलारती
नन्हे, कोमल शैशव को।

लेकिन कभी कभी
उसके उग आते हैं
पैने नाख़ून
आवाज़ कर्कश हो जाती है
चेहरा डरावना
जब पलने लगती है उसमें
कोई महत्वाकांक्षा
जब वह चाहती है जीना

अपने निज का, स्वतंत्र जीवन
जब इनकार करती है वह
हमारी शर्तों पर जीने से।

तब, चारा ही क्या है
सिवाय इसके
कि काट दी जाए
उसकी ज़बान
तराश दिये जाएँ
पैने नाख़ूनों वाले उसके हाथ
बदशक्ल कर दिया जाए
उसका चेहरा
और झोंक दिया जाए उसे
दहकते शोलों के बीच
किसी तन्दूर में।

बलात्कार की ख़बर

बलात्कार की ख़बर छपी है अख़बार में
पढ़ते हैं लोग
जान लेना चाहते हैं
छोटे से छोटा विवरण।

उँह, इसने तो बस इतना ही छापा है
देखो, यह पढ़ो, इस अख़बार में लिखी हैं
सारी बातें साफ़-साफ़
कैसे घेर लिया था उन लोगों ने
लड़की को
सरेशाम, लबे सड़क
किस हाल में मिली थी वह पुलिस को
चार दिन बाद
कितने लोग शामिल थे
इस वहशियाना कृत्य में।

यह देखो
लड़की का नाम-गाँव भी छापा है
तस्वीर के साथ
अच्छा, अच्छा, यह लड़की
हाँ, कुछ मग़रूर थी
चलती थी सिर उठा कर
इसके साथ तो होना ही था

ऐसा कुछ
आज नहीं तो कल।

ख़बर पढ़ते हैं बच्चियों के माँ-बाप
सहम जाते हैं
लगा देते हैं बेटियों पर
कुछ और बंदिशें–
देखो दिन ढलने के बाद
कहीं आना जाना नहीं
दिन में भी नहीं निकलना
घर से बाहर अकेले।

बलात्कार की एक घटना
तबाह करती है एक जीवन-परिवार
और छोटी कर देती है
लड़कियों की पहले ही से
बहुत सीमित दुनिया।

देह : एक पर्यटन स्थली

ओ विदेशी मीत
आ जाओ
तुम्हारी ही प्रतीक्षा है।

चुको जब देख मन्दिर औ पगोडा
और स्मारक पुराने
चले आना इधर भी,
बिना देखे खूबसूरत देह वल्लरियाँ
बिना सूँघे महक उनकी
बिना भोगे कसक उनकी
बिना छक कर पिये मदिरा
अनूठे केलि सुख की
जाओगे कैसे यहाँ से...
ओ विदेशी मीत।

आओ
भटको भूलभुलइया देहयष्टि की
वर्तुलता में
खो जाओ इस स्वर्गिक सुख में
यहाँ हमारे इन देशों में
कुछ भी वर्जित नहीं
ख़त्म है अब यह बहस
क्या ठीक है और क्या ग़लत

जब सभी कुछ बिक रहा बाज़ार में
फिर देह क्या है
माँग और आपूर्ति का जो सन्तुलन है
बस वही बाज़ार का आर्थिक नियम है
पर्यटन में देह शामिल हो चुकी है
इसलिए ओ मीत आओ
चले आओ
बस तुम्हारी ही प्रतीक्षा है।

महानगर में अकेली लड़की

महानगर में अकेली एक लड़की
खिड़की पर बैठी देखती है
सड़क पर जलती बुझती
रोशनी।

याद आती है माँ
जो लालटेन की रोशनी में
पढ़ते अपने बच्चों के साथ
बैठी रहती थी देर रात तक।

बाज़ार में थुलथुल शरीरों से टकराती
वह महसूस करती है
रिटायर हो चुके बूढ़े पिता की जर्जर काया
जो अब भी खींच रहे हैं
गृहस्थी की गाड़ी
आधा पेट खाकर
ट्यूशन पढ़ाते हुए।

वह काँप जाती है जब
भीख माँगते बच्चे में
अचानक कौंध जाता है
छोटे भाई का भोला चेहरा

उसकी उँगलियाँ कस जाती हैं
सामने रखे माउस पर
वह पढ़ती है स्क्रीन पर
एक अनलिखी इबारत।

क्या कर रही थी माँ

जब वह क़दम उठा रहा था
एक अन्धी सुरंग की ओर
गुम हो रहा था नीले चक्रवात में
जब वह कर रहा था पहचान
थ्री नाट थ्री से
क्या कर रही थी भला माँ?

माँ धौंक रही थी अपना कलेजा
गीले कोयले की अंगीठी में
रांध रही थी सालन
फींच रही थी लादी भर कपड़े
वह चमका रही थी
धुएँ से काले हुए बरतन
सी रही थी बेटे का उधड़ा कोट
खोयी हुई ख़यालों में
एक सुन्दर-सुघड़ गुड़िया सी बहू के।

कोर्स की किताबों में छिपाकर
पढ़ने लगा था जब वह नफ़रत की इबारतें
छोड़कर कलम थाम रहा था ए के सैंतालीस
माँ सपना देख रही थी
बेटे की पढ़ाई खत्म होने

उसके धन्धे से लगने का
पहली पगार मिलते ही
पीर बाबा की मज़ार पर
चादर चढ़ाने का।

शिकायत नहीं

अर्से से मुर्दा पड़े शहर में
आज चहल-पहल है
सभी कदम उठ रहे हैं
स्टेडियम की ओर।

एक नया खेल हो रहा है
खचाखच भरे स्टेडियम में
मैदान के बीचों बीच
सिर से पाँव तक
बुर्के से ढकी एक औरत
बैठी है घुटने टेके
हाथ बँधे हैं पीठ पर
हज़ारों हज़ार आँखें टिकी हैं
उस पर।

ज़िल्लत-अपमान, दहशत में घिरी औरत
पता नहीं ज़िन्दा है
या
शिला बन गयी है बैठे-बैठे।

उस पर चाबुक बरसाए जाएँगे
वह व्यभिचारिणी है
और वह कहाँ है

जो था इसके पाप कर्म में सहभागी?

उसे हम नहीं जानते
उसके ख़िलाफ़ हमारे पास
कोई शिकायत नहीं।

काबुल-हेरात की हमीदा, नजमा, नासिरा, रुख़साना के नाम

हमीदा, नजमा, नासिरा, रुख़साना !
ख़बर मिलती है तुम्हारी
अख़बारों, पत्र-पत्रिकाओं से
तुम्हारी किताबें, तुम्हारे स्टेथस्कोप
तुम्हारी दस्तकारी, कारीगरी
सब छीनकर तुम्हें वापस भेज दिया गया है
घर की चारदीवारी में।

चेहरे से नक़ाब तनिक सरक जाए
तो तुम पर वे बरसाते हैं चाबुक
दिल दुखता है पढ़कर
हमारे आँसू बहते हैं बेआवाज़।

नाउम्मीद न हो हमीदा, रुख़साना
जल्द ही तुम फिर वापस लौटोगी
अपनी तसल्लीबख़्श काम की दुनिया में
अपने कालेजों, अस्पतालों में
मिलोगी अपनी सहेलियों, दोस्त, मित्र, साथियों से।

नजमा, नासिरा
तुम्हारे ऊपर उठी चाबुकें
तो थम जाएँगी हवाओं में जल्दी ही

नया निज़ाम आया और
तुम उतार फेंकोगी बुर्क़े
हँसती-खिलखिलाती चल दोगी
अपने-अपने स्कूलों की ओर।

हम क्या करें नजमा
बताओ रुख़साना
हमारे ये पर्दे कैसे उतरें
हज़ारों सालों से तह-दर-तह
जो डाले गये हैं हमारी आत्मा
हमारी बुद्धि, हमारी प्रतिभा-कल्पना पर
हम मानी गयी हैं
दान की वस्तुएँ निरीह बछिया की तरह
हम पवित्र हैं, पूज्य हैं
या हैं दासी और अपवित्र
हम हैं साक्षात देवी का स्वरूप
या फिर समस्त कलुष की खान।

हम कब समझी जाएँगी
औरत हाड़-मांस की
अपनी सारी अच्छाइयों-बुराइयों
ताकतों-कमज़ोरियों समेत!

हमारे यहाँ सरकार बदलने से
कोई फ़र्क़ नहीं पड़ता नजमा
निजाम बदलते हैं पर
नहीं बदलता हमारा समाज।
वह मानता रहता है हमें
रक्षिता, भोग्या, दासी या देवी।

अब हम ही बदलेंगे हमीदा

हम ही बदलेंगे खुद को
अपने आसपास को
दूर दराज़ को
नहीं दासी, अनुचरी, भोग्या
देवी नहीं
हम बनेंगे साथी, दोस्त, हमदम, हमराह
हमक़दम बन हम बढ़ेंगे आगे
नाप लेंगे धरती
पर्वतों पर फहराएँगे पताका
हम रहेंगे ऐसे जैसे हवाओं में खुशबू
जैसे पृथ्वी में रस
जैसे आकाश में विस्तार!

वे फिर आये हैं

वे फिर आये हैं
चाबुक फटकारते
सटाक-सटाक

इस बार वे सुधार रहे हैं
स्वात घाटी की औरतों को

उज़्मा, हुब्बा
तुम्हारे चेहरे अलग अलग क्यों हैं?
घर से बाहर निकलने की जुर्रत
कैसे की तुमने?
तुम मर्द के कन्धे से कन्धा मिलाकर
काम करोगी?
मुल्क की तरक़्क़ी में
हिस्सा बँटाओगी?
सटाक-सटाक

चाबुक उधेड़ रही है
उनकी नर्म-नाज़ुक पीठ
छिल रही है उनकी आत्मा
रिसता है ख़ून उनके दिल से

डर से सहमी वे

छिप गयी हैं तहख़ानों में
तालीमगाहे निसवां पर
लटक गये हैं ताले
थर थर काँपती लड़कियाँ
झुक गयी हैं मशीनों पर
रात रात जागकर वे
सिल रही हैं बुर्क़े।

सख़्त और ठंडी-तीखी निगाहें
बाहर डटी हैं मुआयना करती
निगाहें जो बरसाती हैं चाबुक औरत पर
और कोशिश करती हैं बदलने की उसे
एक ज़िन्दा लाश में।

कब तक

घिसी पिटी राहों पर
चलती रहोगी कब तक
बेमक़सद जीवन ढोती
थकती रहोगी कब तक

बरजती निगाहों से
डरती रहोगी कब तक
दहकते सवालों से
बचती रहोगी कब तक

चुभते व्यंग्य वाणों को
झेला करोगी कब तक
सपनों के खिलौनों से
बहला करोगी कब तक

माया जंजालों मे
उलझी रहोगी कब तक
'नहीं, अब और नहीं'
कहती रहोगी कब तक

सही समय आने की
देखोगी राह कब तक
तिनके के सहारे की

जोहोगी बाट कब तक

उठो अब कर डालो
जो भी करना चाहो
कहेगा कौन क्या
कहेगा कब तक।

सोच में पड़ गयी माँ

माँ को
किशोर बेटे पर
प्यार आया
लाड़ जताते हुए बोली
मैं तुम्हारी बेटी बन जाना चाहती हूँ।

बेटे ने इनकार में हिला दिया सिर–
नहीं, मुझे नहीं चाहिए
अपने से बड़ी बेटी
माँ ने समझाया
देख, तेरी शादी होगी
बहू आएगी
तब कुछ दिन बाद यह चोला छोड़
मैं जन्मूँगी तेरे घर
बन कर बेटी तेरी
मंजूर है, कहा उसने।
तब बहुत प्यार करोगे न मुझे?
खूब अच्छी तरह रखोगे?
बेटे ने एक गहरी नज़र डाली माँ पर
मुस्काया–हाँ बिलकुल वैसे ही
जैसे तुम मुझको रखती हो
जवाब सुनकर माँ सोच में पड़ गयी।

वह रच रही है अपना संसार

चौके में बैठी माँ लाड़ से बुलाती है
आ मुन्नी
सीख ले रोटी पकाना।

आँगन में धूप सेंकती दादी पुकारती है
मेरी माला टूट गयी है
पोह देना बिटिया मनके उसके।

पापा कमरे से आवाज़ देते हैं
इम्तहान कब से हैं
इधर आ
बैठकर सवाल लगा।

भइया ढूँढ़ता है
मुन्नी कहाँ है
आ चल पतंग उड़ायें।

मुन्नी छत पर है
इन सब आवाज़ों से बेख़बर
सामने धरे काग़ज़
वह रच रही है अपना संसार
वह बना रही है
खुले आकाश में पंख लगाकर उड़ती लड़की
वह भर रही है उसमें मनचाहे रंग।

परधान बनी कमला

नटनी कमला बनी है गाँव परधान
छाती पर दल कर मूँग
ठाकुरों-बाम्हनों की।

नट प्रसन्न है
अच्छा लगता है
जब गाँव के दबंग
पंडिज्जी और बाबू साहब
आते हैं उसके दरवाज़े
निपटाने अपने मसले
देते हैं दरखास्त
उसके हुजूरे।

सच कमला, बड़ा अच्छा किया
हिम्मत कर लड़ गयीं चुनाव
परधानी का
लेकिन यह तो कहो
क्यों पिलाने लगीं पानी
ठाकुर-बाम्हन और पासी को
अलग-अलग बरतन में।

पोशाक

नहीं
तुम न बदलना अपनी पोशाक
लोग तुम्हें सिखाएँगे प्रदेश की परम्परा
बताएँगे तुम्हें कि तुम अब
पहना करो साड़ी ही
यह परिधान गरिमापूर्ण है
मर्यादित है
साड़ी से आवृत्त तुममें
प्रदेश की जनता देखेगी
साक्षात मातृदेवी का रूप।

तुम न सुनना इनकी
ये रच रहे हैं षड्यंत्र
धीरे धीरे तुम्हें पटरी पर लाने का
लीक से तनिक हटती स्त्री को
एक बँधे बँधाये खाँचे में
फिर से क़ैद करने का।

सोचो
कौन हैं
जिन्हें अमर्यादित लगता है सलवार-कुरता
इन्हें पहचानो
याद करो

कलकत्ता की उस लड़की को
जिसे निकाल दिया गया था स्कूल से
इस जुर्म में कि वह विद्या के मन्दिर में
प्रविष्ट हुई थी
सलवार-कुरता पहन कर
वहाँ भी तर्क यही था
मर्यादा और गरिमा का
मत सुनना इनकी बात
कलुषित है इनकी सोच
मैली है इनकी नज़र।

इनसे पूछो जरा
ये कश्मीर और पंजाब को
क्या नहीं मानते अपनी धरती
वहाँ की माँओं के वात्सल्य की ऊष्मा
क्या इनके पास तनिक भी नहीं पहुँचती
गिद्धा डालती, भांगड़ा नाचती
उल्लसित पंजाब की भटियारिन
इन्हें शायद अश्लील नज़र आती है
सलवार-कमीज पहनी
भगतसिंह की माँ में
इन्हें मर्यादा का अभाव दिखता है?
इनकी नज़र एकांगी है
भारतीय संस्कृति के ये अलमबरदार
अब भी औरत को
देखना पसन्द करते हैं सात परदों में ही
जिस पोशाक में औरत
नज़र आये फुर्तीली
महसूस करे आराम
वह पोशाक चुभती है
इनकी दुष्ट निगाहों को।

एक बात और
ग़लत बात छोटी ही क्यों न हो
एक बार मान लोगी
फिर शुरू होगा
समझौतों का एक अनन्त सिलसिला।

पोशाक तो शुरुआत होगी
वे बदल देंगे तुम्हारा सोच
काम करने का तुम्हारा ढंग
वो छीन लेंगे तुमसे तुमको ही।

और तब तुम तुम नहीं रह जाओगी
तुम बदल जाओगी
एक अदद कठपुतली में
जिसकी डोर उनके सधे हाथों में होगी।

सुनो बहिन जी

अंबेडकर की प्रतिमा पर
छतरी लगवा देने से क्या होगा
मूर्ति तो झेल लेती है
धूप, जाड़ा, गरमी, बरसात।

बाबा साहब की प्रतिमा का रंग
कुछ हलका पड़ जाए
चटख भी जाए उनकी मूर्ति
तो कोई बात नहीं (मूर्ति की मरम्मत हो जाती है)
ध्यान रहे टूटें न उनके सपने
जो उन्होंने देखे थे
जाति के नाम पर
दबाए-कुचले गये लोगों के लिए
न हो उनका अब और अपमान।

बताओ
क्या हैं तुम्हारी प्राथमिकताएँ
तुम्हारे सरोकार?
क्या तुम इसलिए शामिल हुई थीं
राजनीति में
कि बहुजन समाज की
हिलोरों पर चढ़कर
पकड़ लोगी अपनी हथेलियों में

सत्ता का चाँद
पा लोगी गौरव
इतिहास की प्रथम दलित
महिला मुख्यमंत्री बनने का।

कभी फ़ुरसत के वक़्त तुम्हें
याद आता है राजाराम
जिसे सिर्फ इस जुर्म में
जीवित जला दिया गया था
कि उसने कर्ज़ अदा कर
वापस माँग ली थी ज़मीन
अपने बाप-दादों की।

चिकनी पत्रिकाओं में छपी अपनी
गौरवान्वित तस्वीरें निहारते
क्या तुम्हें दिखता है
जेहरा मजरे कला की उस दलित युवती
का कातर चेहरा
जो ग्राम पंचायत सदस्य बनने के बाद भी
थी कितनी बेबस
बस से खींच, कट्टे की नोक पर
अपमानित किया था उसे
दर्जन भर लोगों ने
एक पूरी रात।

क्या तुम कभी जा पाओगी
बुधिया के गाँव
जिसकी आँखें अब तक नम हैं
अपने इकलौटे बेटे की याद में
जिसे मार दिया था गाँव के दबंगों ने
उसने किया था

बँधुआ मज़दूरी से इनकार।

मालूम है तुम्हें
उसे यह ताकत तुमसे मिली थी
बेगारी से इनकार करते हुए
उसने कुछ तनकर ही कहा था
नहीं सहेंगे अब हम यह अन्याय
सरकार अब बहिन जी की है।

सुनो, तनिक ठहरो
तय करो
इतिहास के पन्नों में किस रूप में
प्रवेश करना चाहोगी तुम
इस तरह तो शायद नहीं
कि जब काटे जा रहे थे
समर बहादुरों के हाथ
लूटी जा रही थी
रामकलियों की इज़्ज़त
तुम बनवा रही थीं
परिवर्तन चौक
छवा रही थीं छतरियाँ
कर रही थीं तबादले-नियुक्तियाँ
आज़मा रही थीं अपनी ताक़त
रैलियों और मेलों में।

गरजूँ घन बन

गरजूँ घन बन
बरसूँ बन-बन
बहूँ नदी की धार के संग।

भटकूँ दर दर
तज कर घर-ज़र
परखूँ सारे जग के रंग।

जागूँ निस-दिन
देखूँ पल छिन
दुनिया के मायावी ढंग।

तोड़ूँ कारा
मोड़ूँ धारा
बिचरूँ निर्भय औ' निस्संग।

रास्ते खुलने लगे

फिर क्यों

अहम् ब्रह्मास्मि – मैं ब्रह्म हूँ
तत्त्वमसि – तुम भी वही हो
फिर क्यों दंगे, झगड़ा-फ़साद?

गुनहगार हैं अल्पसंख्यक-1

भारत हो या पाकिस्तान
बांग्लादेश या बोस्निया
हर जगह
मुजरिम हैं अल्पसंख्यक
उनका जुर्म है
धारा से अलग दिखना
उनका गुनाह है एक अल्पसंख्यक नाम
एक अलग ढंग से इबादत करने का
जुर्म किया है उन्होंने।

उनके जुर्म की सज़ा मिलेगी उन्हें
जियेंगे वे अपने ही वतन में
बनकर शरणार्थी
घूरती रहेंगी उन्हें
तार तार करती निगाहें
उनमें साफ़ लिखा होगा एक इल्ज़ाम
ये मुल्क तुम्हारा नहीं
तुम यहाँ क्यों हो
क्यों खड़े हो हमारी ज़मीन पर
हमारे आसमान की छतरी ताने
हमारे पानी, हमारी हवा में
हिस्सा बँटाने
तुम यहाँ क्यों डटे हो?

गुनहगार हैं अल्पसंख्यक-2

पीछा करती, आर-पार भेदती
निगाहों से आंतकित
भागते हैं
ठोकर खाते, गिरते हैं
अल्पसंख्यक।

धरती थाम लेती है उन्हें
सहलाती है
नदियाँ आगे बढ़ धो देती हैं
उनका आँसू भरा चेहरा
मंद समीर अपने झकोरों से
फुसफुसा जाता है उनके कान में
मादरे वतन का कोई बेटा
सौतेला नहीं।

पत्थर बरसे

सहमे वृक्ष
नष्टनीड़ तोतों की
हताहत पाँतें बिछ गयीं
धरती पर
छिन्न लताएँ हुईं
टूटे सम्बन्ध कबके।

खेतों में कलप गयी हाय
कुचले अरमान
मिट्टी में मिल गया संकल्प
इसी साल बिटिया के ब्याह का।

अँधेरे कमरों में
तालों के पीछे छिपा
नाज बदल गया
सोने में।

हिलक हिलक रोया किसान
बरसीं आँखें मजूर की
हुलस उठा लेकिन मन सेठ-साहूकार का।

बीच का रास्ता-1

हममें से नहीं हैं वे
उनके भव्य प्रासाद के लौह द्वार
सख़्ती से बन्द होते हैं
साधारण वंश वालों के लिए

उनकी अट्टालिकाओं में नहीं होती
ऐसी सीढ़ी
धूल में खड़ा आदमी
जिस पर चढ़ पहुँच जाए उनके महल में
और फिर
जब चाहे लौट आये
वापस अपनी ज़मीन पर

रास्ते सिर्फ़ दो हैं–
एक जो गुज़रता है खेतों-खलिहानों,
कारख़ानों से होकर
जिस पर गिरता है पसीना
उगते हैं फूल
दूसरा, जिस पर बिछती है
लाल कालीन
चलती हैं षड्यंत्रों की कटारें।

दोनों रास्तों को जोड़ने का पुल

अब तक नहीं बना

दोनों रास्ते खुले हैं
चुनना होगा तुम्हें इन्हीं दो में से
कोई एक
बीच का रास्ता नहीं है तुम्हारे लिए।

बीच का रास्ता-2

हाँ, बीच का रास्ता निकल सकता है
बहुत कोशिश करने पर
लेकिन यह रास्ता है
तलवार की धार

नट का-सा सन्तुलन हो
तो कोई चले इस पर
देखने में तो यही आता है कि
कुचले जाते हैं अक्सर वे ही
जो चलते हैं बीच में।

शार्टकट

छुटपन में
स्कूल जाते थे जब
नहीं पकड़ते थे सीधा रास्ता
सड़क सड़क।

खोजते थे शार्टकट
किसी पार्क से होकर
किसी मैदान को बीच से काटते हुए
दो त्रिकोणों में।

कुछ लड़के सीधा मगर लम्बा रास्ता पकड़
देर से पहुँचते थे वहीं
जहाँ दूसरे मौजूद होते थे
पहले से।

उन पर हँसते थे
एक बढ़िया शार्टकट ढूँढ़ निकालने की
खुशी में डूबे
महिमा गाते शार्टकट की।

दोस्तों को समझाते
कहीं पहुँचना हो जल्दी
बिना थके

तो सीधा रास्ता छोड़
पगडंडी पकड़ो
न हो तो बनाओ
हरी घास को रौंदते हुए
कुचलते हुए कोमल दूब को।

सच है लम्बे रास्ते
पैरों में भर देते हैं थकान
लेकिन इन्हीं रास्तों पर
मिलते हैं सहयात्री
जो धकियाते नहीं
देते हैं सहारा
बाँटते हैं सुख दुख
चुन लेते हैं
पाँवों में चुभे काँटे
बदल देते हैं दुर्गम, कष्टप्रद
एकान्त यात्रा को
एक सुखद जात्रा में।

हो जैसा बाज़ार

माल मिलेगा मन के माफ़िक
शर्त एक है
जिस बाज़ार खड़े हो
उसमें सिक्का वो चलता हो
जो है
अभी टेंट में बँधा तुम्हारी।

और ज़रूरी नहीं
कि सिक्का
खरा, चमकता, सच्चा ही हो
खोटा भी चल सकता है, बस
शर्त यही
दुकान बड़ी हो, ख़ूब चलती हो
और मनेजर थोड़ा लापरवाह हुआ हो
या
गाहक ही हो ऐसे शातिर लोगों में
जो हर हाल,
चला लेते हैं अपना सिक्का—जैसा भी हो।

हो सकता है पास तुम्हारे
डालर, यूरो या येन जैसा
ऊँचा सिक्का
लेकिन नहीं चलेगा वह

लहकन पुरवा में
वहाँ आज भी चलती कौड़ी
सेमरौता में कोई सिक्का नहीं चलेगा
वहाँ आज भी
कपड़ा देकर ले सकते हो नाज
मसाला देकर सब्ज़ी।

इसीलिए तुम ऊँचा सिक्का वहीं निकालो
जिस मंडी को मालूम हो
सिक्के की कीमत
हो जैसा बाज़ार
निकालो वैसा सिक्का।

आज फिर टूटेगा कोई तारा

आज फिर चाँद हँस के उठ्ठा है
आज फिर टूटेगा कोई तारा।

हमको रोका तो हद्दें टूटेंगी
किसके रोके रुका है ये धारा।

दोनों आगे बढ़े, हटे पीछे
कोई जीता न ही कोई हारा।

इससे मत माँगो घूँट भर पानी
ये तो है एक समन्दर खारा।

किसकी मुट्ठी में बन्द है क़िस्मत
जिसको देखो वो वक़्त का मारा।

अपने सब फ़ैसले हमीं लेंगे
अब यही माँग है यही नारा।

ये सरज़मीं है गंगो जमन की

ये सरज़मीं है गंगो जमन की
तुम्हारी जितनी है उतनी मेरी।

दिलों से उठती हुई दुआएँ
तुम्हारी जितनी हैं उतनी मेरी।

दुखों से बोझिल ये ज़िन्दगानी
तुम्हारी जितनी है उतनी मेरी।

जमीं तो जीवन ही बख्शती है
तुम्हारी जितनी है उतनी मेरी।

जुबां को लेकर ये कैसा झगड़ा
तुम्हारी जितनी है उतनी मेरी।

जिसने सोचा ज़माना क्या कहेगा

जिसने सोचा ज़माना क्या कहेगा
बात उसकी नहीं सुनता ज़माना।

जिन्हें सौंपी गयी थी निगहबानी
उन्होंने ही उजाड़ा है ठिकाना।

नहीं अब वो नहीं बहलेंगे तुमसे
सुनेंगे अब नहीं कोई बहाना।

कि उनके हाथ में हथियार हैं अब
जो अब तक थे तुम्हारा ही निशाना।

रास्ते खुलने लगे

जब सुक़ूते यास में बैठे थे हम तो चैन था
जानिबे मंज़िल बढ़े और हादसे होने लगे।

सोचते ही रहे जब तक, मंज़िलें परबत लगीं
चल पड़े इक साथ हम सब रास्ते खुलने लगे।

जब वो हमसे दूर थे, हम पास पाते थे उन्हें
अब क़रीब आये तो देखा फ़ासले बनने लगे।

सवाल

बच्चे ने माँ से पूछा
माँ, जब तुमने चाहा था
मैं होऊँ
तुमने बन्द कर दी थीं खानी
माला-डी की गोलियाँ?

वे दिन-1

सपनों के, दुनिया बदल देने के
जुलूसों के, आन्दोलनों के
परचे लिखने-बाँटने
पोस्टर चिपकाने के
वे दिन।

वे दिन
तपती दोपहरी में
सिर पर अंगोछा बाँध
सबके साथ क़दम मिलाने की कोशिश में
लड़खड़ाने, सँभलने के।

गुम नहीं हुए
एलबम की पुरानी तस्वीरें नहीं हो गये
ताज़ा हवा का तनिक स्पर्श पा, आज भी
अंगारों से धधक उठते हैं
वे दिन।

वे दिन-2

वे दिन
दो टूक सवालों के
सीधे सच्चे-जवाबों के।

अपने तरकशों से निकालते हम
एक से एक पैना तर्क तीर
भेद देते विपक्ष को आर-पार
जीतती सहमति
हारता सन्देह
छँटता कुहासा
हम उठते कुछ
बेहतर बन कर।

हर लड़ाई मिल कर लड़ने
अन्त तक साथ निभाने का
मज़बूत इरादा लिये
हम कहीं भी चले जाते
एकदम अकेले भी
साथ लिए ताकत-गरमाहट दोस्ती की।

वक़्त के साथ बीत नहीं गये
अब भी साथ खड़े
हिम्मत बँधाते हैं
वे दिन।

ये शब्द मेरे नहीं

ये शब्द मेरे नहीं

ये शब्द मेरे नहीं
विचार मेरे नहीं

सदियों में
शब्द-प्रति-शब्द
अर्थ-दर-अर्थ
रची गयी यह भाषा
कितने चिंतन-मनन से
उपजे विचार
मेरे सामने बिखरे हैं
जैसे रत्न।

मैंने बस चुनकर कुछ शब्द
पिरो दिये माला में
जानती हूँ शब्द क्रम गड़बड़ होगा
तो भी झलकायेगा
बात मन की ठीक ठीक-सही सही।

आओ मिलकर रचें एक गीत

तुम दो मुझे विचार
तुम दो भाषा
तुम दो रूप-शिल्प।

मिलकर हम मथें
मथें विचार को
मथें भाषा को
निखारें, तराशें, रूप-शिल्प को।

मिलते रहें
मथते रहें
निकलेगा कुछ नया
न सही अमृत
नया गीत तो फूटेगा।

क्यों न कहे

कालिदास सी उपमा न दे सके
भारवि का अर्थ गौरव न पा सके
दण्डी की ललित पदावली न हो
तो क्या कोई कविता न करे?

कहे न मन की बात
जग की बात
ख़ामोश, बन्द किये ज़बान
बस देखा करे सब कुछ टुकुर-टुकुर?

इतनी साजिशें, इतने किले, इतनी दीवारें
तोड़ न पाये तो क्या ज़ोर से चीखें भी न
ख़ामोश, बन्द किये ज़बान
बस सहा करें सब कुछ गुमसुम?

कविता जीवन है

कविता जीवन है
समग्र
करती है प्रेम
तन से - मन से
गाती है गीत
सुख के - दुख के
लड़ती है युद्ध
घोषित - अघोषित
देती है शरण
करती है वरण।

कविता लिखती है इतिहास
जय का
पराजय का
षड्यंत्र का
रणनीति का।

कविता बनती है साक्ष्य
द्वन्द्व का
सम्बन्धों के
अथ का
इति का।

सोचती हूँ चुप रहूँ

सोचती हूँ चुप रहूँ अब कुछ न बोलूँ
बन्द कर लूँ द्वार खिड़की भी न खोलूँ।

और सोचूँ क्या किया है
सिर्फ साँसें लीं कि जीवन भी जिया है
मान लूँ जो दिख रहा है वही सच है
या कि उसके भेद खोलूँ।

और फिर पिंजरे से उड़ जाने की ख़ातिर
ताप सूरज का तनिक सहने की ख़ातिर
चाँद मुट्ठी में पकड़ लेने की ख़ातिर
उड़ चलूँ बेख़ौफ़ मंज़िल की दिशा में
या कि बारंबार अपने पंख तोलूँ।

दुलारी का गीत

दुलारी का आदमी
शराब पीकर पीटता है उसे
वह रोती है थोड़ी देर
फिर गाने लगती है
कोई गीत
गीत मरहम है।

कभी-कभी नागा करती है दुलारी
फिर जब जाती है काम पर
मालकिन बड़बड़ाती है
नाराज़ होती है
धमकी देती है पैसा काटने की
नौकरी से निकालने की
दुलारी चुप रहती है
फिर माँजने लगती है बरतन
और गुनगुनाती है
कोई नया गीत
गीत कवच है।

दुलारी की बस्ती में एक ही नल है
पानी के लिए जब कोई तोड़कर लाइन आगे आ जाता है
वह लपककर उसकी बाल्टी हटा
दृढ़तापूर्वक वहाँ रख देती है

अपनी गगरी
फिर गुनगुनाती है
एक गीत
गीत हथियार है।

कभी-कभी दुलारी सजती है
पहनती है लाल, बिलासपुरी साड़ी
लगाती है टिकुली
आंजती है काजल
दर्पण में निहारती है अपने आपको
ख़ुशी से हँसती है
फूट पड़ता है गीत उसके लाली लगे होठों से
गीत साथी है
राज़दार है।

आऊँगी कल फिर

ਨਗਰੀ ਨਗਰ ਗਿਣਤੀਆਂ

मृत्यु

है अन्तिम सत्य
अटल है, अमिट है
तय है कि आएगी
लेकिन कैसे और कब
हम खुद पहुँचेंगे उस तक
या
वह आएगी हमारे पास
धीरे धीरे, दबे पाँव
हौले से मूँद देगी
हमारी थकी हारी पलकें
ढक देगी चेहरा
मौन की कोरी सफ़ेद चादर से।

या अचानक मारेगी झपट्टा
चील की तरह
जकड़ कर अपने पंजों में
चूहे की मानिंद
उदरस्थ करेगी
एक ही ग्रास में

हो सकता है
जब हम खोये हों ख़यालों में
किसी प्यारे, भूल से गये दोस्त के

वह पीछे से आ
बन्द कर दे आँखें
अपनी कोमल हथेलियों से
पूछे शरारत भरे स्वर में
बूझो कौन?

कौन जाने, जब हम
प्रतिपल बेचैनी से
बुलाते रहें उसे
बहुत हुआ, आओ
अब ले चलो अपने साथ
अनसुनी कर दे वह।

निराश हम
जोड़ने लगें टूटे सूत्र
ढूँढ़ने लगें नये सहारे
पाने को हों जब
जीवन के नये अर्थ
छाने को हो सुख की बदरी
पुनर्नवा की तरह जब
हम पकड़ने लगें जड़,
फूटने को हों नयी सन्धियाँ
तेज़ी से किसी मोड़ पर मुड़ते
बस से उतरते
मिल जाए वह सहसा
खड़ी सामने
कहे
देखो मैं आ गयी
तुमने बुलाया था न मुझे।

क्यों न वह पास आये

सहेली की तरह
मौका दे कि बाँध लूँ गठरी
समेट लूँ मोह व्यापार
फिर सुनते हुए कोई बिसरा गीत
पढ़ते हुए कोई नयी कविता
दोस्तों के साथ गरमागरम बहस के बीच
मुझे इशारे से बुलाये
ले जाए।

वापसी

कैसा होगा लौटना
धधक जाना अग्निकुंड में
होना राख, मिल जाना माटी में
उड़ जाना बनकर बादल
बरस जाना रसधार में
खो जाना शून्य बन
आकाश के विस्तार में।

काश...

हैरान हूँ देखकर
सृष्टि के इतने रूप
सभी सुन्दर, सभी काम्य

कितने ही जन्म लूँ
रहूँगी अतृप्त ही
बनी रहेगी अनन्त प्यास
अपूर्ण कामना

काश, ऐसे भी जी पाती।

एक प्रार्थना

बना रहे आसमान
दमकता रहे सूरज
चमकता रहे चाँद
टिमटिमायें तारे

रहें नदियाँ
सदानीरा
सदा कलकल

रहें उत्तुंग हिम शिखर
रहे धरती
शस्य श्यामला

गम्भीर नीला सागर
बौराता रहे
देखकर बदलता रूप चाँद का

रहें हरे-भरे घटाटोप जंगल
विचरते रहें उनमें
हाथी, सिंह, हिरण

गाँव रहें
रहें बाग़-बग़ीचे, खेत-खलिहान

आँगन में फुदकती रहे गौरैया
गलियारों में टहलती रहे मैना
फ़ाख़्ता बनाती रहे घोंसला
बगिया के कोने में।

रहे बंसवारी
गुनगुनाये पवन का स्पर्श पा
अमराई में कूकती रहे कोयल
बहती रहे मादक गन्ध
थिरकती रहे उन्मत्त देह
ढोलों की थाप पर।

सावन-भादों बरसते रहें झूमकर
रिमझिम मेह में
पड़ते रहें झूले

खिलती रहे कोमल धूप
माघ की दोपहरी में
उड़ती रहें तितलियाँ
खिलते रहें फूल
झरते रहें मधुकण।

आऊँगी कल फिर

आज कर दी गयी हूँ चुप, पर
गीत नहीं रहेगा अधूरा
गाऊँगी कल फिर।

'नक़्क़ारख़ाने में सुन नहीं पड़ती
फिर भी बोलती है तूती'
यही बतलाने यहाँ
आऊँगी कल फिर।

चाहती हूँ आना

चाहती हूँ आना
फिर इस सुन्दर दुनिया में
बनूँ तोता, मैना, फ़ाख़्ता या बुलबुल
चहकती फिरूँ बाग, बन, उपवन
डोलूँ एक डाल से
दूसरी डाल पर
सुबह होते ही भरूँ एक लम्बी उड़ान
गुँजाते हुए पूरा आकाश
अपनी चहचहाहट से
शाम ढले लौट आऊँ
अपने छोटे से बसेरे में।

जनमूँ बनकर लता मधुमालती की
मीठी, मादक गन्ध
जीवट भरा जीवन हो
कोई काटे मुझे
काटे चाहे कितनी बार
उठ खड़ी होऊँ
लहलहाती, मुस्काती
अपनी मादक गन्ध से
महकती-महकाती

कहना ही क्या

अगर उगूँ किसी वेणुवन में
हवा की हल्की सरसराहट भी
छू कर मेरी देह
बदल जाए मधुर संगीत में
काटे जाने के बाद भी बन कर बांसुरी
छेड़ूँ नयी तान।

कितना आह्लादकारी होगा
खेत में उगना बनकर गेहूँ
चमकना कनक आभा में
तृप्त करना क्षुधा भूखे पेट की
किसान जब झूमेगा
देखकर लहलहाती फसल
झूमूँगी मैं भी
अपनी सारी बालियों समेत।

या फिर
घास ही क्यों न बनूँ
पड़ी रहूँ धरती के सीने पर
बनकर उसका वक्षस्त्राण
सहलाऊँ काँटा चुभे, छाला पड़े पाँवों को
आते जाते, थकते कदमों तले
बिछ जाऊँ
बनकर नरम, गुदाज़ हरी हरी कालीन।